Monika Matschnig

30 minutos

Lenguaje corporal

Saber lo que piensan los demás en el trabajo

Título original: *30 Minuten Körpersprache verstehen*

5.ª edición 2012

Av. Diagonal n.° 440, 1.° 1.ª
08037 Barcelona
info@editorialalma.com
www.editorialalma.com

Traducción del alemán: Carmen Villa Menéndez para LocTeam, Barcelona, 2013
Redacción y maquetación de la edición en español: LocTeam, Barcelona

La presente traducción se ha publicado con la autorización de Gabal Verlag GmbH.

Impresión y encuadernación: Tallers Gràfics Soler, Barcelona

ISBN 978-84-15618-08-9
Depósito legal: B-9818-2013

Impreso en España
Printed in Spain

Aprender fácilmente en 30 minutos

Este libro está pensado para que pueda asimilar información rigurosa y concisa en muy poco tiempo. Gracias a sus pautas y esquemas, podrá recorrer estas páginas en función de su disponibilidad (de 10 a 30 minutos) y retener lo fundamental.

Guía de lectura rápida

Podrá leer el libro entero en tan solo 30 minutos. Si dispone de menos tiempo, lea únicamente los apartados que contienen información relevante para usted.

- La información importante está resaltada en color azul.

- Al comienzo de cada capítulo figuran varias preguntas clave que remiten a un número de página para facilitar la orientación. De este modo, puede acceder directamente a la página que más le interese.

- *Cada capítulo contiene varios resúmenes que le permitirán leer en diagonal.*

- Al final del libro encontrará una sinopsis con los aspectos más importantes.

- Un índice temático al final del libro le facilitará las consultas.

Índice

Prólogo

«Ofrecer un hombro donde llorar», «poner los ojos como platos», «estar mano sobre mano»... A diario nos topamos con estas expresiones u otras similares y todos nosotros las utilizamos sin darles más vueltas. Pero, ¿alguna vez se ha preguntado por el origen de estos dichos? La respuesta es muy sencilla: el lenguaje corporal.

Cuando una persona cercana está pasando por una situación difícil con frecuencia la abrazamos de forma que pueda apoyar la cabeza sobre nuestro hombro. Si vemos algo que despierta nuestra curiosidad —algo desconocido o poco habitual—, alzamos las cejas de manera automática y se nos quedan unos ojos como platos para así poder absorber más información. Finalmente, quien está mano sobre mano no es en absoluto un gandul. Sencillamente, en ese momento no tiene nada que hacer y, por tanto, deja las manos en reposo.

No hay ningún lenguaje humano tan elemental ni sincero como nuestro lenguaje corporal. Con las palabras podemos engañar o mentir, pero ¿a quién le convence una sonrisa forzada? Lo queramos o no, nuestro cuerpo revela nuestros auténticos pensamientos y emociones. Saber interpretar correctamente la postura corporal, la gesticulación y la expresión facial puede resultar de gran ayuda. Por un lado, contribuirá a que nuestra propia postura sea adecuada, ya que a veces una determinada señal corporal en el momento oportuno hace milagros (¡no tiene más que pensar en las miradas furtivas y las sonrisas tímidas durante el juego de seducción!) y, por otro, nos ayudará a interpretar las señales de los demás.

Sin embargo, esto no significa que tenga en sus manos un diccionario del lenguaje corporal con el que pueda traducir un determinado gesto o mueca como si se tratase de un término de una lengua extranjera. La interpretación del lenguaje corporal no puede nunca ser más que una aproximación a una «traducción» completa. Para realizar la mejor interpretación posible deberá siempre atender a tres factores decisivos:

- ¿Qué impresión le causo a mi interlocutor? ¿A veces soy yo el desencadenante de determinados comportamientos?
- ¿Qué siente la otra persona? ¿Qué meta persigue?
- ¿En qué contexto se encuentra mi interlocutor? ¿Dónde tiene lugar nuestro encuentro?

Estas cuestiones nunca pueden responderse con certeza, pero le permitirán comprender mucho mejor el significado del lenguaje corporal. Este libro le ayudará a interpretar correctamente la postura del cuerpo, la gesticulación y la expresión facial, tanto en el ámbito laboral como personal.

MONIKA MATSCHNIG

30 MINUTOS

1. Las interacciones entre cuerpo y mente

¿Sabía que cuando conocemos a una persona el 93 % de la comunicación se realiza a través del lenguaje corporal? El 55 % de nuestra atención se dirige hacia la postura, la gesticulación y la expresión facial de nuestro interlocutor, y otro 38 % hacia el volumen o la melodía de su voz. Así pues, el contenido de lo que oímos solo capta el 7 % de nuestra atención, en contraste con la forma como se nos transmite. Algo nada sorprendente, ya que el lenguaje corporal de nuestro interlocutor nos revela más sobre su personalidad que mil palabras.

1.1 La comunicación verbal y no verbal

«No podemos no comunicarnos.» Al hacer esta afirmación, el psicólogo y psiquiatra Paul Watzlawick no limitaba en absoluto su reflexión a nuestras posibilidades de comunicación verbal. Y es que continuamente estamos revelando algo sobre nosotros, incluso cuando callamos. ¿Cómo? A través de la forma en la que nos comportamos en determinadas situaciones y como nos presentamos a nuestro entorno. A esto se añade que solo controlamos de forma consciente una mínima parte de nuestro lenguaje corporal, al contrario de lo que ocurre con nuestras palabras. Nada proporciona información más directa y auténtica sobre nuestras sensaciones, pensamientos y experiencias como nuestros gestos y expresiones faciales. Ocultarse tras las palabras cuando no se quiere desvelar la verdad es muy sencillo. ¿Cuántas veces habremos proclamado lo bien que nos iba, aunque estuviéramos pensando: «Bueno, he tenido tiempos mejores»?

¿Hablan el cuerpo y la mente la misma lengua?

Existen tres posibilidades de relación entre lo que decimos y la forma como lo decimos:

- Nuestra actitud confirma nuestras palabras, ya que ambas transmiten el mismo mensaje. Nadie duda de nuestro enfado cuando golpeamos la mesa con el puño a la vez que soltamos improperios. De la misma forma, esperamos ver una expresión feliz en un amigo que afirma alegrarse.
- A veces el lenguaje corporal puede reemplazar a las palabras. Basta pensar en dos de las señales corporales más importantes: mover la cabeza de arriba

abajo y de un lado a otro para expresar aprobación o rechazo.

- Por último, en ciertas situaciones las señales corporales pueden contradecir a las palabras. Una contradicción de este tipo suele surgir cuando decimos algo que no pensamos o sentimos realmente.

Mensajes confusos: dos ejemplos

1. Recientemente estuve revolviendo en una elegante *boutique* de moda y encontré unos pantalones muy bonitos. De camino hacia el probador pasé al lado de la dependienta. La joven, que estaba apoyada en una vitrina en medio de la tienda con los brazos cruzados y actitud indolente, se dirigió a mí con voz monótona: «Si necesita otra talla se la traigo encantada». Mientras pronunciaba estas palabras inspeccionaba sus uñas, y cuando me fui de la tienda —sin pantalones— seguía en el mismo lugar.
2. Unos meses antes había presentado una entrega de premios. En aquella velada se galardonaban proyectos empresariales innovadores. El primer premio recayó en un joven que, según la declaración del jurado, había invertido una enorme cantidad de tiempo y energía en su proyecto. Hacia el final del acto, el premiado subió al escenario para pronunciar unas palabras. Inmóvil y con los brazos pegados al cuerpo, el joven contó a la audiencia lo mucho que le alegraba que su proyecto hubiera ganado y cómo no acababa de creérselo.

¿Le llama la atención algo en ambos ejemplos? ¡Exacto! La boca (la mente) y el cuerpo no hablan aquí la misma lengua. Cuando alguien nos ofrece su ayuda, significa que esa persona está dispuesta a actuar. Sin embargo, una persona con los brazos cruzados sugiere justo lo contrario. Y lo mismo ocurre con el entusiasmo. De alguien que habla de sentimientos tan intensos esperamos una actitud correspondiente. Y es que cuando a alguien le conmueve algo, normalmente también le mueve físicamente, a menos que se trate de una persona extremadamente tímida e introvertida.

Busque la armonía

¿Qué conclusión se deduce de estas historias? Cuando las palabras y el lenguaje corporal de una persona afirman cosas diferentes, sospechamos. Esa persona nos causa una impresión —incluso inconsciente— de falsedad y, por tanto, no nos agrada. Así que tenga cuidado: evite las simulaciones, ya sea con las palabras o con el lenguaje corporal. A su interlocutor no se le escapará esta divergencia y le causará una impresión negativa.

30 *Reflexione: es posible que su comportamiento no transmita exactamente lo que usted trata de ocultar con palabras. No obstante, su lenguaje corporal revela siempre si está o no expresando sus verdaderos pensamientos. Si su actitud no es coherente, causará una mala impresión.*

1.2 Cada cuerpo habla una lengua diferente

Si cada persona es diferente, ¿por qué íbamos a hablar todos el mismo lenguaje corporal? Aunque utilicemos las mismas señales en la gesticulación y la expresión facial, la comunicación no verbal presenta diferencias notables. Esto se debe al hecho de que todos nosotros empleamos, nuestro cuerpo como megáfono.

Dos extremos: el extravertido y el introvertido

Observe a una persona muy extravertida: todo su lenguaje corporal parece lleno de energía y de vida. Esto se refleja tanto en gestos amplios y exaltados, que apuntan principalmente hacia fuera, como en una gran expresividad facial. Además de una postura erguida, este tipo de persona tiene unos andares rápidos y danzarines. Nada que ver con el una persona introvertida, donde todo está amortiguado: escasa expresividad facial, gestos breves —que suelen apuntar hacia el cuerpo— y una postura encorvada. Este mínimo lenguaje corporal no revela apenas nada, razón por la cual este tipo de personas suelen resultar poco transparentes (a primera vista).

El lenguaje corporal debe adecuarse a la persona

Por supuesto, nadie es 100 % extravertido o introvertido, sino que se encuentra en algún punto intermedio. No obstante, sea como sea una persona, su lenguaje corporal debe ajustarse a ella. Es evidente que una persona tímida puede intentar actuar con un poco más de seguridad; sin embargo, no se convertirá en un *showman* por gesticular más. Parecería forzado y poco natural.

30 *Adaptándose a un lenguaje corporal ajeno no cambiará su personalidad, solo conseguirá resultar falso y, por tanto, antipático.*

1.3 El cuerpo como espejo del alma

Nuestras palabras y nuestro comportamiento son dos canales completamente diferentes a través de los cuales podemos comunicarnos con el exterior. No obstante, no son en absoluto independientes entre sí. Antes bien, los pensamientos y el lenguaje corporal forman una unidad indivisible y, por tanto, se influyen mutuamente. El comportamiento no solo refleja un estado emocional momentáneo, sino que también las experiencias vividas a lo largo de la vida influyen en la postura, los gestos y las expresiones faciales.

Suspirando bajo un peso

Imagínese a una persona apenada que haya sufrido un duro golpe del destino. ¿Qué se le aparece en la mente? Seguramente no una persona que vaya por la vida con la cabeza alta y a paso ligero. Alguien que carga con un gran peso emocional parece literalmente abatido: los hombros caídos, la mirada baja... No le queda ni un ápice de energía. Lo mismo ocurre con las personas depresivas. El lastre de los pensamientos negativos ralentiza todos sus movimientos y fosiliza su expresión facial.

Gritando de alegría

Las experiencias positivas producen el efecto contrario. ¿Recuerda la última vez que experimentó una auténtica euforia? ¿Cómo se sintió, por ejemplo, en pleno enamoramiento o tras cerrar un trato importante? Apuesto a que rebosaba energía y sentía una enorme seguridad. ¿Y qué efectos tuvo este estado de ánimo en su lenguaje corporal? Seguramente su cuerpo se tensó y estiró, usted se soltó y gesticuló más de lo habitual. Es probable que su rostro estuviera radiante y con expresión amable.

Lo que una persona piensa y siente, lo que percibe —tanto el conjunto de sus experiencias como su estado de ánimo en ese momento— se refleja en su lenguaje corporal: mientras que un estado de ánimo positivo se refleja en una postura erguida, las experiencias negativas abaten el cuerpo de forma visible.

1.4 El ánimo como espejo del cuerpo

Así como nuestro estado mental se puede reflejar en el cuerpo, también es posible recorrer el camino inverso: influir en el propio estado de ánimo con ayuda del lenguaje corporal. ¿No se lo cree? En ese caso, atrévase con los siguientes ejercicios:

Así influirá en su ánimo con ayuda del cuerpo:

- Siéntese como si estuviera triste: abatido y sin fuerzas, con los hombros caídos, la cabeza gacha y las comisuras de los labios hacia abajo. De forma automática sentirá la carga imaginaria sobre su nuca. Intente ahora pensar en algo positivo con esta postura... no lo logrará.
- Y ahora al contrario: Colóquese erguido, con el pecho fuera, la cabeza alzada, la mirada al frente y una sonrisa en los labios. Respire hondo y trate de pensar en algo negativo. Le resultará igualmente difícil

Un experimento psicológico

El psicólogo Fritz Strack, de Mannheim, estudió la relación entre el lenguaje corporal y el estado de ánimo enseñando a dos grupos unos dibujos animados. Mientras los observaban, los miembros de un grupo tenían que sujetar un bolígrafo con los labios y los del otro grupo con los dientes. ¿Cómo cree que reaccionaron los participantes del experimento ante los dibujos? A los que sostenían el bolígrafo entre los dientes, los dibujos les parecieron divertidos, y a los otros no. ¿Se pregunta por qué? Entonces pruébelo usted mismo:

- Sujete un bolígrafo entre los dientes sin que los labios lo toquen. ¿Qué ocurre? Exacto: las comisuras de sus labios se alzan, como si se riera. Y su humor mejora de forma automática.
- Intente ahora sujetar el bolígrafo solo con los labios. ¿Siente ganas de reír? Probablemente no, y es que con esta expresión facial los músculos del movimiento de la risa están bloqueados y el cerebro no recibe ninguna orden para estar contento.

Los ejercicios siguientes muestran como el lenguaje corporal no solo provoca estados de ánimo, sino que también puede bloquear sentimientos.

Así puede bloquear sentimientos con el cuerpo:

- Alce las cejas tanto como pueda, de forma que sus ojos se agranden, e intente entonces estar enfadado y también parecerlo. Probablemente acabará riéndose de sí mismo en estos vanos intentos.
- Tampoco logrará albergar un pensamiento negativo mientras hace girar los ojos o pasa la lengua por los labios.
- Por el contrario, le resultará muy sencillo mostrar enfado si frunce el ceño. Pero, ¿puede reír o pensar en algo bonito en esta postura?
- Ahora apriete los dientes con fuerza y piense en algo positivo. Casi imposible, ¿no?

El cuerpo y la mente buscan la armonía

Como ve, es muy fácil engañar a la mente. Aunque al principio quizás le dé la impresión de que se está engañando a sí mismo, su estado de ánimo se irá ajustando al cuerpo al cabo de un tiempo. Pero, ¿cómo es posible que su postura, sus gestos o la expresión de su rostro puedan manipular su estado de ánimo? El cuerpo asocia ciertas sensaciones con ciertas señales. Al realizar un movimiento muscular determinado, el sistema endocrino se activa y se encarga de que una expresión corporal repercuta de hecho sobre el estado de ánimo.

Aproveche el efecto del lenguaje corporal

Si podemos influir en nuestro estado de ánimo mediante determinados comportamientos, ¿por qué no íbamos a utilizar ese efecto en provecho propio? Por ejemplo, para aumentar el bienestar anímico, o para convertir estados de ánimo negativos en positivos. Hay algunos trucos sencillos para ahuyentar el malhumor y atraer a pensamientos positivos:

Así se programa la actitud positiva:

- Anticipe con el lenguaje corporal el estado de ánimo al que aspira:
  - ¿Le gustaría relajarse? Entonces compórtese como si estuviera cansado. Deje caer los hombros, relaje todos los músculos y dígase a sí mismo que está agotado.

- ¿Trata de salir de una depresión? Entonces tense todo el cuerpo. Estire la espalda, alce la cabeza y respire con fuerza. Pronto sentirá que tiene un poco más de energía.

- Traer a la memoria un bonito recuerdo o una experiencia especialmente feliz puede hacer milagros. Recuerde: ¿qué sintió en ese momento, cómo se comportó, qué postura tenía? Reviva el momento con la misma postura y los mismos sentimientos de felicidad.

El buen humor es contagioso

Si conseguimos una y otra vez gozar de un estado de ánimo positivo, arrastraremos también a los demás. Quien tiene una actitud positiva puede asimismo entusiasmar a otros, por ejemplo, en una presentación o una conferencia.

El lenguaje corporal es nuestra forma más elemental de comunicación:

- *En un primer encuentro, las señales corporales determinan en más de un 90 % si dos personas congenian o no.*
- *Solo cuando sus lenguajes verbal y corporal están en armonía causa una impresión honesta y convincente.*
- *Los estados de ánimo tienen un efecto (positivo o negativo) en su lenguaje corporal.*

- *Y a la inversa, puede influir en su estado de ánimo mediante los correspondientes gestos o expresiones faciales: una postura abierta y una gesticulación amable atraen pensamientos positivos, mientras que las señales corporales negativas provocan un estado de ánimo abatido.*

1.5 Cause una buena impresión

Seguro que le suena la siguiente situación: le han invitado a un acto y entra en una sala donde hay mucha gente desconocida. Tras solo algunos instantes hay algunas personas que le resultan simpáticas y en otras ni siquiera se ha fijado bien. El motivo es que incluso en medio de un enorme alboroto nuestra máquina de evaluación sigue activa. En el instante en el que ve por primera vez a los invitados a la fiesta, cien mil millones de células nerviosas están activas. Basta una única señal para que juzguemos a esa persona en consecuencia. La archiconocida primera impresión se origina en un intervalo que abarca desde el asombroso lapso de 150 milisegundos hasta 90 segundos. Y esta primera impresión es decisiva. ¿Por qué? A quien calificamos de simpático lo consideramos al mismo tiempo competente, y a quien en un primer momento nos resulta antipático se le supone a menudo incompetente (y tendrá que demostrar que está preparado).

La segunda impresión también cuenta

Durante ese breve momento de la primera impresión nos planteamos, por lo pronto, la pregunta: «¿Me caes simpático o no?». Si conseguimos resultar agradables a los ojos del observador, entonces se pone en marcha el siguiente proceso. Según un estudio del Instituto Max Planck de Psicología del Comportamiento, en los cuatro minutos siguientes examinamos más en detalle a una persona y nos fijamos —aún de forma inconsciente— en todas y cada una de las 102 dimensiones de la observación.

Un ejemplo:

¿En qué cree que nos fijamos en esos cuatro minutos (de forma inconsciente, por supuesto)? Tomemos por caso un encuentro en el bar, en una reunión con clientes, en la cola del supermercado, en la panadería o en cualquier otro lugar. Un hombre o una mujer viene hacia nosotros, quizás nos pregunta algo y conversamos con él o ella. ¿Qué cree que ocurre ahora? Pues lo siguiente:

- Durante el primer minuto calculamos la edad de nuestro interlocutor, observamos la figura y decidimos si encontramos a esa persona atractiva o no.
- En los minutos segundo y tercero examinamos detalles como el busto o las manos, observamos la postura, escuchamos con atención la voz y el tono.

- Como muy tarde en el cuarto minuto sabemos ya si encontramos a esta persona atractiva o no. Hasta ahora han decidido nuestras emociones, sin pararse a pensar si ya hay un hombre o una mujer en nuestra vida.

Así se consiguen puntos de simpatía

Gran parte de nuestra presencia nos viene dictada por nuestra manera de ser, y eso está muy bien. Un lenguaje corporal forzado resultaría artificial y no convencería a nuestro interlocutor. No obstante, podemos intentar que la impresión que causemos sea más positiva y, sobre todo, agradable, mediante algunos «trucos» del lenguaje corporal. No tenemos más que seguir un par de «reglas de oro de la simpatía»:

Ría

Nada atrae más simpatía que una risa sincera. Por este motivo, trate de no reírse solo con la boca, sino también con los ojos. Para que esto funcione, ahuyente los pensamientos negativos y sustitúyalos por pensamientos positivos. O, sencillamente, piense en un suceso divertido. Vale la pena, y es que la mayoría de las personas deciden si encuentran a su interlocutor atractivo o no basándose en la sonrisa.

Eso significa que quienes ríen y sonríen a menudo generan más simpatía y emanan más confianza y alegría de vivir. Las personas con sentido del humor gustan más. Controlan sus carreras como si fuera un juego y, a menudo, tienen más éxito que los cascarrabias manifiestos. ¿El motivo? Los científicos han descubierto que incluso una sonrisa deliberada o el simple hecho de arrugar la frente provoca reacciones positivas neurológicas y, por tanto, también hormonales. Una sonrisa feliz o una risa incontenible aumenta el riego sanguíneo del cerebro y favorece el buen humor. Por el contrario, una expresión triste o furiosa reduce la afluencia de sangre oxigenada. Así se origina muy rápidamente un círculo vicioso de estado de ánimo abatido y depresión. Por tanto, reír es la mejor medicina y además tiene un efecto positivo sobre nuestra salud.

Reír es saludable

Unos estudiosos sobre los efectos de la risa han descubierto que un minuto de auténtica risa tiene un efecto tan refrescante como 45 minutos de técnicas de relajación. Reír durante 20 segundos equivale ya al esfuerzo físico de 3 minutos de remo.

30

Tenga siempre en cuenta las reglas básicas de un buen lenguaje corporal para parecer simpático y competente:

- ***Saque pecho. Una postura firme, con las dos piernas paralelas a la anchura de las caderas, emana confianza en uno mismo. De esta forma transmite que tiene «los pies en el suelo».***

- ***Compruebe la postura de la cabeza.*** *Mantenga la cabeza siempre recta. Así parecerá seguro de sí mismo y neutral. Pero, ¡cuidado con la barbilla! Si la estira demasiado hacia arriba resultará automáticamente arrogante y antipático.*
- ***Abra los brazos.*** *Los brazos cruzados indican rechazo. Evite esta postura —aunque le resulte cómoda— y ábralos.*
- ***Mantenga las distancias.*** *Cada persona vive en su propia «burbuja» y mantiene, por tanto, una cierta distancia mínima. Generalmente nuestra «distancia de seguridad» personal abarca el largo de un brazo. No obstante, a las personas que conocemos más les permitimos acercarse más. Por tanto, si aún no conoce muy bien a alguien, respete siempre su distancia de seguridad. De no hacerlo corre el riesgo de resultar impertinente.*

30 MINUTOS

2. La postura: su tarjeta de visita

¿Alguna vez ha observado como se pasean algunos jóvenes por la vida? Arrastrando los pies, con los hombros caídos, la barriga sacada y la cabeza gacha. ¿A qué cree que se debe?

2.1 Curiosidades sobre la postura

Nada refleja nuestra personalidad de forma tan directa como nuestra postura. Aunque es cierto que la gesticulación y la expresión facial transmiten algunos rasgos, en general dependen de la situación. Por el contrario, nuestra manera de estar de pie, andar y sentarnos permite sacar algunas conclusiones sobre nuestra vida interior.

El cuerpo joven aún busca un apoyo

Así pues, ¿cómo se explica la postura de tantos jóvenes? Seguro que usted aún recuerda cómo se sentía a esa edad, en la que tantas cosas cambian y aún no se tiene una idea clara de cuál será su camino. Esto significa que la propia personalidad aún no está madura ni consolidada; y lo mismo ocurre con la postura, a la que le falta confianza. Tan pronto como se supera esa fase de orientación, cambia la propia postura y se convierte en la tarjeta de visita de la personalidad. En el capítulo introductorio ya se comentó lo que significa que alguien vaya por la vida erguido o abatido (en el sentido literal del término). Lea ahora lo que otras personas le transmiten según su modo de estar pie o sentados o su forma de caminar.

2.2 Aprenda a estar de pie como es debido

Basta observar como está de pie una persona para descubrir algunas cosas sobre su personalidad:

Lo que revela el punto de apoyo

- Alguien que no puede estar parado, que cambia continuamente de pierna de apoyo, no pisa firme. Esta persona no está segura de sí misma, no mantiene su opinión o la varía a menudo.
- Por otro lado, que alguien parezca estar clavado en el suelo y apenas se mueva es un indicio de que esta persona es muy rígida e inflexible, tanto en su postura como en su forma de pensar.

- Lo que revela una postura encorvada ya lo sabe. Una persona con los hombros caídos y la cabeza baja está —literalmente— abatida y desganada, no tiene ni un ápice de energía.
- Algo completamente diferente ocurre con quien está erguido, con el pecho sacado y la mirada al frente; en este caso pone el cuerpo en tensión. Esta postura irradia seguridad y confianza, y proporciona gran libertad de actuación.

La pequeña diferencia al estar de pie

¿Se ha fijado alguna vez en que cuando las mujeres están de pie y apoyan el peso en una pierna, esta suele ser la izquierda, mientras que en los hombres es la derecha? Probablemente no. La explicación es que nuestros hemisferios cerebrales influyen en la mitad contraria del cuerpo. Nuestro hemisferio cerebral derecho es el responsable de las características «típicamente femeninas», como la creatividad o las emociones. De las capacidades «clásicamente masculinas», como la lógica o el pensamiento analítico, se ocupa el hemisferio izquierdo. Por este motivo, según dicen, las mujeres se concentran más en la mitad izquierda de su cuerpo y los hombres en la derecha. Esta regla se cumple hoy en día de forma menos evidente en hombres y mujeres; no obstante, a partir del apoyo preferido de una persona —independientemente de su sexo— podemos conjeturar si se trata de una personalidad más emocional o racional.

El truco del guisante y la corona: la postura óptima
Ya en el primer capítulo se trató el tema de la gran influencia que puede tener una postura adecuada. Queda ahora la cuestión de cómo lograr una postura de pie óptima. Con el truco del guisante y la corona es muy sencillo:

- La separación entre sus pies debe corresponder aproximadamente a la anchura de las caderas.
- Eche los hombros ligeramente hacia atrás. Los hombros caídos hacia delante transmiten desgana y falta de energía.
- Distribuya el peso de forma uniforme entre ambas piernas y pies. Cambiar continuamente de pierna de apoyo aparenta inseguridad y pone al interlocutor u oyente nervioso.
- Ahora, imagínese que tiene un guisante entre las nalgas y una corona en la cabeza.

Con estos recursos imaginarios logrará, para empezar, la necesaria tensión corporal y después evitará el riesgo de subir la barbilla. De esta forma no resultará arrogante o antipático (se le caería la corona).

Cómo estar de pie en público

¿Debe hablar o presentar algo ante mucha gente y no le gustaría parecer nervioso? El miedo escénico se puede combatir con sencillos ejercicios físicos que calman la mente y al mismo tiempo relajan la postura:

- ¿Se siente tenso mentalmente? Entonces tense también el cuerpo (todos y cada uno de los músculos). Mantenga la tensión brevemente y después afloje mientras expira con fuerza. Si realiza este ejercicio de dos a tres veces, no solo desaparecerá la tensión física, sino también la mental.
- Probablemente no recuerde lo que sentía cuando era un bebé y su madre le mecía para dormirle. Una pena, porque entonces se acordaría de lo relajante que es ese movimiento. No obstante, puede sacar provecho de ese efecto. Para ello, colóquese con ambas piernas firmemente apoyadas en el suelo y balancéese suavemente hacia delante y atrás. Tanto sus pulsaciones como su respiración se ralentizarán y la agitación se reducirá.

¿Qué hacer con los brazos?

Ahora ya conoce la postura de pie adecuada cuando habla o presenta algo en público, pero ¿qué debe hacer con los brazos? Para este problema hay dos soluciones:

1. Los brazos cuelgan a ambos lados del cuerpo (la postura más natural).
2. Se juntan las manos a la altura de la cintura de forma relajada.

La clave de ambas posibilidades es que las manos están disponibles por si necesita actuar o ilustrar algo con gestos.

Qué no hacer cuando se está de pie

- Las manos a la espalda: esta postura transmite reserva y pasividad.
- Las manos en los bolsillos: las manos escondidas pueden resultar amenazadoras o transmitir inseguridad.
- Postura de falta con barrera»: también transmite inseguridad quien junta las manos a la altura de la cintura con las palmas hacia el cuerpo.
- Los brazos en jarras: quien se coloca así reclama más espacio y transmite un carácter dominante.

30 *Imaginando que tiene una corona sobre la cabeza y un guisante entre las nalgas mantendrá una postura adecuada; deje colgar los brazos sueltos. Frente al nerviosismo y el agarrotamiento es muy útil alternar entre tensión y relajación de los músculos.*

Por cierto:

Una postura confiada —ya sea de pie o sentado— depende, entre otras cosas, de su atuendo. Escoja siempre ropa con la que se sienta cómodo, que se ajuste a su personalidad y que sea adecuada para la situación. Y es que si no necesita dedicar ni un pensamiento a su vestimenta tendrá la mente libre para conversar con sus colegas y no parecerá agarrotado, tirando siempre de la ropa por aquí y por allá.

2.3 Y usted, ¿se sienta bien?

No solo cuando estamos de pie, sino que también sentados revelamos mucho sobre nosotros. Precisamente durante las conversaciones —da igual que sean por trabajo o personales— la forma como está sentado su interlocutor puede darle pistas sobre su disposición de ánimo y opinión. Aquí tiene algunos ejemplos:

Lo que revela la postura sedente

- ¿Inclina su interlocutor el tronco ligeramente hacia delante? Con ello muestra interés hacia usted y hacia lo que dice.
- ¿Se aleja de usted su interlocutor? Es posible que (aún) no sienta interés por usted o no tenga suficiente confianza.
- Quien se reclina, o bien tiene una opinión crítica o negativa respecto a sus afirmaciones o bien se ha dejado convencer por usted y se ha retractado de sus propias ideas.
- Si el interlocutor ladea el torso, está eludiendo expresamente una propuesta.
- Quien tiene la cabeza ligeramente inclinada hacia un lado muestra su punto débil, la carótida. Acompañada de una sonrisa, significa: «Puedes confiar en mí».
- Si una persona está sentada en el borde de la silla, puede estar bastante seguro de que tiene prisa. Esta persona no tiene tiempo y, por tanto, no es muy receptiva a sus palabras.

- Quien ocupa toda la superficie del asiento con las piernas formando un ángulo recto o los pies apuntando hacia atrás muestra disposición a actuar.
- Quien estira las piernas hacia delante se siente cómodo y seguro, y no tiene previsto levantarse pronto; lo cual, de hecho, no es posible desde esta postura.
- Cuando las piernas están cruzadas es especialmente interesante la dirección hacia donde apunta la pierna de encima. Si apunta hacia el interlocutor se debe interpretar como una aprobación.
- Si mantiene ambas piernas apretadas con fuerza una contra otra, la persona se siente más bien insegura.

¿Qué hacer con los brazos?

En general, durante las conversaciones no tiene que «hacer» nada y, por tanto, no necesita las manos. Puede dejar que los brazos reposen en el reposabrazos yo colocarlos relajadamente en el regazo. Otra posibilidad es cruzar los brazos delante del pecho. A menudo esta postura se malinterpreta automáticamente como defensiva, pero no tiene por qué ser el caso. Aunque los brazos cruzados pueden ser una señal de rechazo, esta posición significa que la persona en cuestión no tiene nada que hacer por el momento, así que espera a ver qué pasa. No obstante, esta postura no es recomendable, en particular en reuniones de trabajo. El motivo lo ha mostrado de forma convincente un estudio estadounidense.

Los brazos cruzados reducen la receptividad

Se pidió a estudiantes estadounidenses que se sentasen durante una clase con los brazos y piernas cruzados. El resultado: asimilaron un 38 % menos de información que los compañeros que habían escuchado la misma disertación con una postura más abierta. Una postura de apariencia defensiva no solo suele causar una impresión de cerrazón, sino que además merma nuestra capacidad para asimilar conocimientos.

Moverse también alegra la mente

A menudo ocurre que, sobre todo en reuniones de trabajo o negociaciones, la comunicación se estanca tras varias horas sentados a una mesa redonda porque cada uno de los participantes se obstina en su punto de vista. Esto no tiene por qué deberse a la terquedad. Y es que si el cuerpo se ve obligado a permanecer mucho tiempo en una posición (sentado), se reduce también la flexibilidad mental. ¿La solución? Genere oportunidades para cambiar de posición y moverse; por ejemplo, con una breve pausa para tomar un café. De esta forma no solo logrará relajar el cuerpo, sino también la mente.

A ser posible, siéntese con una postura abierta, sin cruzar brazos ni piernas. Así estará receptivo y causará en el resto la impresión de ser una persona comunicativa y no cerrada. **30**

2.4 Así es como se anda

Aparte del punto de apoyo correcto, para dar una impresión de simpatía y competencia son también decisivos unos andares confiados y naturales. Al igual que en el caso de la postura idónea, conviene esforzarnos en todo momento por mantener el cuerpo erguido mientras caminamos. De este modo, irradiamos franqueza y seguridad en nosotros mismos. A alguien que se arrastra con los hombros caídos le atribuimos menos energía o agallas. Tampoco es recomendable andar tieso como un poste, ya que daremos la impresión de ser rígidos e inflexibles.

Así es como hay que presentarse

Para presentarse en público —y especialmente en el ámbito profesional— con prestancia hay que tener en cuenta, además, un par de reglas importantes:

- Si se dirige a un lugar determinado —a un estrado, a una persona o a un grupo de personas—, muévase con determinación. La longitud de sus pasos debería adaptarse a su talla (por tanto, ni cortos ni agigantados) y el ritmo ha de ser normal (sin correr ni arrastrarse). Procure mantener una respiración calmada mientras camina.
- Cuando entre en una habitación, no se quede tímidamente en el umbral. Si lo hace dará la impresión de que preferiría salir huyendo al instante. Dé unos

pasos hacia el interior de la habitación, oriéntese brevemente y diríjase después a su meta, ya sea esta un asiento, una persona o alguna otra cosa.

Mantenga la distancia adecuada

Imagínese que alguien se le acerca y se queda parado a menos de un palmo de su nariz. ¿Cómo reaccionaría? De forma automática tensaría los músculos y finalmente retrocedería. ¿Por qué? Porque se siente amenazado e incómodo. Todos nosotros tenemos diferentes distancias de seguridad según a quién tengamos delante. Si alguien no respeta ese espacio privado, nuestro cuerpo reacciona instintivamente con rechazo. En total se distinguen tres zonas que toda persona exige respetar:

Tres distancias de seguridad

1. La distancia íntima
   Abarca aproximadamente el radio de un brazo alrededor del cuerpo. El acceso a esta zona está restringido a nuestros seres más cercanos: padres, hijos, pareja. Si una persona desconocida invade ese espacio (por ejemplo, en un ascensor o un autobús llenos), nos distanciamos evitando el contacto visual y miramos al suelo o a lo lejos.
2. La distancia personal
   Abarca desde el extremo de nuestra distancia íntima hasta una longitud de aproximadamente 1,20 metros. A esta distancia tratamos con miembros de la familia, amigos y conocidos.

3. La distancia social
   Abarca desde el extremo de la distancia personal hasta alrededor de 3 metros de distancia. Esta distancia la mantenemos cuando asumimos uno de nuestros roles sociales, por ejemplo, como empleado, jefe, cliente o vendedor.

Por cierto, si alguien se nos aproxima de frente, la distancia requerida es mayor que cuando se acerca por un lado. Por el lado nos sentimos menos expuestos.

30 *Una postura erguida al andar irradia franqueza y seguridad en uno mismo. Ajuste sus pasos a su talla y diríjase con determinación a las personas o los lugares. Respete en todo momento las distancias de seguridad de los demás. Seguramente a usted tampoco le gusta que alguien se le acerque demasiado.*

2.5 Señales de seducción

En ciertas situaciones es especialmente útil poder interpretar el lenguaje corporal del interlocutor. En concreto, cuando tratamos con personas que apenas conocemos o nos son totalmente desconocidas. Por ejemplo, en el caso de un nuevo contacto de trabajo o cuando conocemos a alguien en la vida privada. Asimismo, saber controlar nuestro lenguaje corporal es útil cuando deseamos causar una impresión positiva porque el interlocutor es muy importante para nosotros o tiene cierta influencia sobre nosotros. ¿Cómo nos sentimos en una primera cita? Seguramente estamos inquietos, nerviosos e inseguros. Esta inseguridad se debe a que no sabemos qué se le pasa al otro por la cabeza, qué impresión le causamos o si estamos haciendo algo mal. Quizás podamos responder a algunas de estas cuestiones si en esas situaciones prestamos atención al lenguaje corporal del interlocutor. Determinadas señales nos indican, por ejemplo, si nos ve como socio potencial.

Los signos positivos en una primera cita

- Que alguien busque cercanía es una buena señal. Por ejemplo, si mientras está sentado se inclina ligeramente o si cruza una pierna apuntando hacia usted.
- A los hombres les gusta adoptar una postura «vigorosa», sacando pecho y metiendo la barriga, cuando quieren demostrar fuerza e impresionar a alguien. El mismo significado tiene que alguien se siente con las piernas muy separadas, reclamando mucho espacio.
- Cuando las mujeres quieren mostrar su mejor faceta, se colocan muy derechas, con los hombros rectos, y echan el cabello hacia atrás, llamando así la atención sobre su cuello y su rostro. Por un lado, esto resultará atractivo, pero sobre todo mostrará su punto más vulnerable, la carótida. Con ello muestran su fragilidad, despertando así el instinto de protección masculino.

- También cuando están sentadas las mujeres tratan de tener el mejor aspecto posible. Por ejemplo, consiguen un efecto especialmente encantador cuando se tocan las rodillas y ladean ligeramente las piernas.

30 ***Su postura es su tarjeta de visita:***

- ***Manténgase erguido, tanto cuando está de pie o sentado como cuando camina.***
- ***Utilice el truco de la corona y el guisante para lograr estar de pie como es debido. De esta forma, eleva el pecho y la coronilla, y tensa la barriga y las nalgas.***
- ***Deje que los brazos cuelguen relajados cuando está de pie. Conviene que sus manos estén siempre visibles.***
- ***Siéntese con una postura abierta e inclínese hacia su interlocutor. La inclinación del cuerpo, así como la colocación de los pies apuntando al interlocutor, demuestra interés.***
- ***Al caminar, procure que el ritmo sea adecuado (ni muy rápido ni muy lento) y los pasos firmes.***
- ***Durante las conversaciones, tome nota de manifestaciones corporales de simpatía por parte de su interlocutor, por ejemplo una cabeza ladeada.***
- ***Mantenga cierta flexibilidad, no se ponga rígido sea cual sea la tensión del cuerpo.***

30 MINUTOS

3. Gesticulación: lo que cuentan sus manos

¿Ha hablado alguna vez con alguien que no moviera las manos durante la conversación? Es poco probable. Y es que los gestos forman parte de nuestra comunicación, la cual, en general, controlamos de forma inconsciente.

3.1 Algunas nociones básicas sobre la gesticulación

Nuestra gesticulación es un pequeño lenguaje personal. En todo el mundo existen más de 5.000 gestos diferentes. En primer término sirven para reforzar o completar lo que decimos. Pero a veces ciertos movimientos de los brazos o las manos también pueden proporcionar información sobre lo que una persona piensa en realidad o incluso si es posible que mienta. En ese caso hablamos de «gestos delatores».

Por supuesto, cada persona gesticula de forma diferente, en función de su edad, sexo, nacionalidad o temperamento. No obstante, algunas reglas generales pueden ayudarnos a averiguar información sobre nuestro interlocutor.

Lo que revela la gesticulación

- Fíjese en qué mano utiliza una persona para gesticular, y es que también de esa elección —al igual que en el caso de la pierna de apoyo del capítulo anterior— son responsables nuestros diferentes hemisferios cerebrales. Si alguien utiliza la mano derecha, entonces se puede deducir que tiene una personalidad muy racional. Si, por el contrario, gesticula con la mano izquierda, esto apunta a una persona emocional.
- También aporta información la dirección de los gestos: en las personas francas, accesibles y honestas, los movimientos de las manos suelen alejarse del cuerpo. Lo contrario se observa en las personas cerradas y reservadas.
- La confianza en uno mismo se expresa sobre todo en gestos vigorosos y decididos. Quien gesticula de forma más bien nerviosa y descoordinada —se rasca o se tira de la manga, por poner un ejemplo— revela tensión e inseguridad. Alguien que apenas gesticula o no lo hace en absoluto da la impresión de ser extremadamente tímido.
- Alguien que se frota las manos o se acaricia el brazo revela que necesita afecto, pero que se ve obligado a arreglárselas con estos gestos sustitutivos precisamente porque no hay nadie a quien pueda recurrir.

Nuestras manos son nuestras herramientas más importantes; sin ellas no podríamos realizar ni las más sencillas tareas del día a día. Por este motivo no sorprende demasiado que también sean imprescindibles en nuestra comunicación. Y es que los gestos de las manos pueden revelar mucho sobre nuestras emociones y pensamientos, y también sobre los de nuestro interlocutor:

- Las manos muy apretadas y pegadas al cuerpo indican inseguridad y frustración.
- Las manos juntas y extendidas que apuntan al interlocutor quieren convencer o fundamentar cordialmente una cuestión.
- Las manos formando un tejado son una señal de que el interlocutor está muy seguro de sus conocimientos y de sí mismo.
- También cuando su interlocutor junta las manos relajadamente a la espalda se siente superior a usted.
- Si las palmas están abiertas y vueltas hacia arriba, entonces quien habla puede tanto dar algo como quitarlo. Apoya así lo que ha dicho o, de forma inconsciente, solicita una confirmación.
- El gesto de agarrarse la muñeca es en general expresión de decepción.
- Si, por el contrario, la mano se deposita sobre el otro brazo, puede dar por sentado que está ante una persona colérica y agresiva.

- Apuntar con el dedo índice al interlocutor se considera también un signo de agresividad. Este gesto resulta además muy autoritario.
- Cuando los dedos entrelazados se alcen como un rizo estará ante una clara muestra de resistencia.

Dedos pequeños, grandes efectos

Los movimientos de cada uno de los dedos o sus combinaciones son tan informativos y como mínimo tan variados como los gestos que hacemos con brazos y manos:

El pulgar

El pulgar es el dedo con el que podemos ejercer más fuerza; con el pulgar podemos estrujar o aplastar. Así, no es ninguna sorpresa que en lenguaje corporal indique poder y fuerza y, por tanto, ocupe entre los gestos de los dedos una posición de poder.

El dedo índice

El dedo índice es, junto con el pulgar, el dedo más importante, puesto que es el más utilizado en los gestos de los dedos. Por este motivo, en general se lo considera un símbolo de voluntad y disposición a la acción. No obstante, según la postura del dedo los mensajes de los gestos varían enormemente.

El dedo corazón

Nuestro dedo más largo suele vincularse con la autoestima y el orgullo.

El dedo anular

El dedo anular está relacionado con nuestros sentimientos. Párese algún día a observar a personas en situaciones especialmente emocionales y lo verá.

El dedo meñique

En lenguaje corporal, el dedo meñique ('muy pequeño', del portugués *menino*) no es en absoluto tan pequeño, ya que puede revelar muchísimo. Proporciona información sobre el tipo de relación o los sentimientos de una persona en una situación determinada. A través de la forma de gesticular de una persona puede averiguar información sobre su personalidad y sus intenciones. Las personas emocionales suelen utilizar la mano izquierda y las racionales la derecha. Los gestos abiertos que se alejan de la persona o apuntan hacia arriba son indicios de una persona abierta y segura.

3.2 Los gestos positivos y negativos

Muchos gestos son tan claros que no necesitan explicación. Todos sabemos lo que significa cuando alguien cierra el puño y estira el pulgar hacia arriba. Y también tenemos todos claro lo que piensa alguien que se toca la sien con el dedo índice. No obstante, muchos gestos inocentes pueden percibirse como positivos o negativos, aunque a menudo ni nuestro interlocutor ni nosotros mismos seamos conscientes de ello. Pueden, de este modo, influir en la impresión que transmitimos durante una conversación. Si aprendemos a identificar esos pequeños gestos podremos mejorar de forma decisiva el efecto que causamos en nuestro interlocutor y valorar con mayor facilidad sus intenciones.

Qué no hacer cuando gesticula

Trate especialmente de evitar los gestos con mensaje negativo:

- No causa buena impresión tener las manos fuera de la vista. Si las oculta en los bolsillos, demostrará indiferencia. Quien esconde las manos a la espalda o bajo la mesa parece querer ocultar algo, por lo que el otro le percibe como poco fiable.
- Los gestos que tienen lugar por debajo de la cintura resultan siempre despectivos.
- Quien mueve las manos y brazos de arriba abajo parece querer rechazar, condenar o apartar algo y causa una sensación más bien pesimista. Una mano que viene de arriba transmite además una impresión de querer ordenar.
- El mismo efecto desagradable tiene el hecho de apuntar con el dedo índice o con un bolígrafo. El dedo o el bolígrafo dan una impresión de autoritarismo y amenaza —casi como un arma— y, por tanto, resultan antipáticos.

- Los brazos cruzados con los dorsos de las manos hacia delante transmiten introversión.
- Los gestos de disculpa, como encogerse de hombros a la vez que se suben las manos con las palmas hacia arriba, transmiten desamparo y poca confianza.

Qué hacer cuando gesticula

Quien logra evitar los gestos negativos, causará en cualquier caso una impresión neutra a sus interlocutores. Y con ayuda de determinados gestos positivos no es difícil parecer además digno de confianza y caer simpático.

- Conviene tener las manos siempre a la vista para transmitir seguridad al interlocutor.
- Los gestos realizados por encima de la cintura tienen un efecto positivo y enaltecedor.
- Los movimientos de manos y brazos que van de abajo arriba muestran y despiertan interés e incluso entusiasmo.
- En general, los gestos abiertos transmiten franqueza, disposición a dar pero también a recibir algo. Esto puede ser importante, por ejemplo, cuando se expone una propuesta comercial a alguien.

Los gestos deben adaptarse a usted y a la situación

Si en el futuro trata de acompañar sus afirmaciones con los gestos más positivos posibles, conviene que tenga siempre esto en mente: su gesticulación debe ajustarse a su personalidad y también a la situación correspondiente. Si es usted una persona más bien sobria, un poco reservada, podría resultar involuntariamente cómico que empezase de repente a gesticular como un loco. Y a la inversa: a alguien extravertido no le pegan movimientos vacilantes y tímidos. También el contexto es clave. Los gestos amplios y expansivos resultan algo exagerados cuando solo habla con dos personas. Por el contrario, si habla ante un público numeroso, sus movimientos deberían ser suficientemente claros como para que todos distingan y comprendan su lenguaje gestual.

30 *Tome conciencia de los gestos positivos y negativos, ya que con pequeños movimientos puede influir de forma decisiva en el efecto que causa en otros. En general, se puede decir que los gestos abiertos, hacia arriba y realizados por encima de la cintura tienen un efecto positivo. Tenga en cuenta que su gesticulación debe ajustarse a su personalidad y a la situación.*

3.3 Cómo saludar adecuadamente

¡La primera impresión cuenta! Esta frase se oye una y otra vez, y con la misma frecuencia se comprueba que no está ni mucho menos sacada de la manga. Tras pocos segundos nos formamos un juicio sobre una persona que acabamos de conocer. Por tanto, resulta lógico que no debamos subestimar el significado del apretón de manos en el primer encuentro. Precisamente en el ámbito de los negocios podemos averiguar algunas cosas sobre nuestro interlocutor por su forma de saludar: sus intenciones, su imagen de sí mismo y su actitud. Muchos psicólogos opinan incluso que el éxito o fracaso de un negocio puede depender del apretón de manos adecuado.

Lo que revela la forma de estrechar la mano

- Un apretón de manos firme es indicativo de un carácter igualmente firme y seguro.
- Estrechar la mano sin fuerza, sin estirar los dedos ni agarrar del todo la otra mano indica, por el contrario, que la persona es insegura.
- Quien pone la mano entera para saludar, de forma que las manos se agarren bien, está diciendo: «Estoy abierto a todas las posibilidades».
- Si deja un hueco entre las palmas al estrechar las manos, entonces la persona se muestra en principio abierta, pero por el momento no quiere exponerse del todo.

- Alguien que para saludarle le tiende una mano rígida, o solo los dedos, quiere mantener (por ahora) las distancias.
- Quien solo extiende un par de dedos no se implica emocionalmente, aunque esté presente.
- Si alguien le presiona hacia abajo el dorso de la mano al saludarle, se encuentra ante una personalidad autoritaria.
- También causa una impresión de querer dominar quien le agarra el antebrazo con la mano libre. Esta persona quiere guiarle.
- Por el contrario, alguien que le coloca la mano libre sobre su mano de saludo le muestra su estima en el plano emocional.
- En la denominada «actitud del tendero de objetos de segunda mano», la mano extendida se agarra con ambas manos. Así, se pretende crear una familiaridad aparente, lo que resulta más bien desagradable.

Las distancias de seguridad

Debe respetar siempre la distancia de seguridad de la persona a la que saluda. Esto significa que debe mantener al menos la distancia equivalente al largo del brazo.

30 *Para saludar de una forma neutra, mantenga la mano en dirección perpendicular, ni muy rígida ni muy floja. No estreche la mano ni con demasiada fuerza ni con demasiada indolencia.*

3.4 Los gestos delatores

¿Se acuerda de cómo se delataba de niño cuando mentía? ¡Exacto! Ponía la mano delante de la boca, como si quisiera impedir que saliera la mentira cuando ya era tarde. Al hacernos adultos prescindimos de estos gestos tan obvios, pero conservamos un reflejo inconsciente. Este reflejo sale a la luz cuando no decimos lo que realmente pensamos o cuando mentimos en toda regla. En tales situaciones ya no nos ponemos la mano sobre la boca, sino que nos traicionamos con los denominados «gestos delatores». Durante las conversaciones, fíjese en si su interlocutor piensa lo que dice y controle sus gestos. Probablemente también a usted se le han escapado ya los gestos delatores que se describen a continuación.

Gestos con los que tener cuidado

- En general, todos los gestos que consisten en tocarse la cara o el cuello tras decir algo son un indicio de que no se ha dicho todo o no se ha dicho la verdad. En tales movimientos se desvía el reflejo de poner la mano en la boca y, en vez de ello, la persona se rasca la nariz, por ejemplo.
- También los movimientos inquietos —no parar de moverse y juguetear nervioso con joyas u objetos— son un signo de que no está muy convencido de lo que dice.

- Quien le da con palabras su aprobación sobre algo (por ejemplo, acepta una propuesta suya), pero al mismo tiempo hace un gesto desdeñoso, transmite: «No estoy del todo de acuerdo». Esto lo puede mostrar apartando una mota de polvo de su ropa, apartando un bolígrafo u otro objeto o pasándose la mano por la boca.
- Quien proclama que «está abierto a todo» mientras se entrelaza las manos no es realmente de fiar.
- Si su interlocutor se toca el lóbulo de la oreja mientras usted habla, probablemente no esté del todo de acuerdo con lo que le está diciendo. Los gestos de este tipo de denominan «gestos de castigo».
- Alguien que mientras habla juega con el cabello o se pone la mano en la boca nos provoca una impresión de inseguridad y timidez.
- Quien promete solucionar algo, ocuparse de un asunto o ayudarle mientras cruza los brazos o se mete las manos en los bolsillos no tiene realmente previsto entrar en acción.

30 *Si se toca la cara o el cuello tras decir algo, su interlocutor —aunque sea de forma inconsciente— desconfiará. Y si sucede a la inversa, también usted debería desconfiar. Los gestos de distracción y desdén revelan que alguien no piensa realmente lo que dice.*

3.5 Más señales de seducción

En el capítulo sobre la postura ha aprendido ya algunas señales que le pueden resultar útiles para la seducción (o también para establecer personalmente una relación comercial). Atención: algunos de los gestos que acabamos de calificar de «delatores» poseen un significado completamente diferente en una situación de seducción.

Gestos que muestran simpatía

- Los hombres se tocan la cara con frecuencia cuando la mujer con la que conversan les parece atractiva.
- Resulta también muy significativa la forma como los hombres sostienen la mano de su pareja. Quien solo roza las puntas de los dedos mantiene (aún) las distancias. Sin embargo, si entrelaza la mano con la de ella, muestra un sentimiento de afecto e intimidad.
- Las mujeres tienden a tocar con frecuencia a las personas por las que se interesan, en especial en los brazos.
- En el «contexto de seducción», cuando una persona aparta pelusas o se alisa la ropa indica tan solo que le gustaría tener un aspecto atractivo y cuidado.

Además, la gesticulación de hombres y mujeres revela también qué tipo de pareja se oculta tras una persona,

Tipo duro o tipo dulce

- Si un hombre mete las manos en los bolsillos es que trata de parecer un buen tipo, pero en realidad no está seguro de sí mismo.
- Si se toca los codos, hay que tener precaución. La situación le supera y se siente desamparado. Busca una mujer que le apoye en todo momento.
- Que tenga las manos a la espalda es buena señal. Este hombre está seguro de sí mismo y tiene todo bajo control.
- Si un hombre coloca su dedo índice en la mejilla y el dedo corazón contra la barbilla, entonces dedica a la mujer toda su atención y, además, es capaz de admitir errores de vez en cuando.

La mujer de sus sueños: los gestos lo dirán

- Una mujer que gesticula constantemente intranquila y nerviosa tiene una personalidad más bien indecisa y quizás su interés no es duradero.
- Por el contrario, las mujeres que juegan con el pelo y enrollan mechones en los dedos muestran un gran interés. Este gesto apunta a una personalidad muy sensual y emotiva.

30 ***La forma de moverse de una persona revela mucho sobre su personalidad y su estado de ánimo en ese momento:***

- ***Los gestos dirigidos hacia arriba y alejándose del cuerpo indican franqueza y optimismo.***
- ***Las personas cerradas gesticulan menos y más bien hacia sí mismas.***
- ***Los gestos por debajo de la cintura transmiten falta de seriedad.***
- ***Un apretón de manos firme revela una personalidad confiada, un apretón flojo más bien lo contrario.***
- ***Si alguien, a pesar de pronunciar palabras de aprobación, se toquetea la ropa, juguetea con objetos o se toca la cabeza o el cuello, conviene tener precaución: esta persona no se atiene a lo que dice.***
- ***Por el contrario, en el ritual de seducción los gestos juguetones y tocarse la cara indican interés y simpatía.***

30 MINUTOS

4. La expresión facial: el espejo del alma

Las reglas de la expresión facial de las personas son una ciencia aparte. Ni nuestra postura ni nuestra gesticulación son capaces de proporcionar tanta información ni tan específica sobre estados de ánimo, sentimientos o experiencias. El principal motivo es que en ninguna otra parte del cuerpo humano hay tantos músculos —un total de 43— en un área tan pequeña como en la cara. Este equipamiento hace posible un variadísimo juego de gestos en los que a menudo cada una de las expresiones faciales solo se diferencian por matices mínimos.

4.1 El abecé de la expresión facial

Un total de 250.000 expresiones faciales en todo el mundo permiten a las personas de los más diversos países identificar el estado de ánimo momentáneo de sus congéneres. Sin embargo, son pocos los mensajes faciales de validez universal —es decir, independientes de la persona, el sexo, la nación o la cultura—. Estas expresiones describen, por así decirlo, las emociones básicas de los seres humanos y no nos resultan difíciles de descifrar:

11 emociones básicas en el espejo de la expresión facial

Interpretar estas 11 expresiones faciales es muy sencillo, ya que se trata de mensajes claros. Son válidas independientemente de la situación en la que uno se encuentra. Por el contrario, en el caso de muchas reacciones faciales el contexto en el que tiene lugar la comunicación es un criterio decisivo para interpretar de forma correcta la expresión facial de una persona. No obstante, hay algunas señales que facilitan su comprensión.

Así puede identificar el rechazo y actuar en consecuencia

Imagínese que hubiera realizado una propuesta o una oferta a una persona y estuviera esperando su aprobación. Si su interlocutor aprieta los labios mientras mantiene la cabeza recta e inmóvil, tiene usted pocas posibilidades. En el peor de los casos indica ira y en cualquier caso falta de conformidad. Porque quien cierra la boca no está receptivo en ese momento. También una persona que arruga la nariz y entrecierra los ojos mientras escucha, muestra de forma inequívoca que no está de acuerdo con lo que se ha dicho. Mediante la reducción del campo de visión nos distanciamos de forma inconsciente de lo que oímos. ¿Qué hacer en una situación así? Deje claro que es usted de fiar ladeando ligeramente la cabeza y sonriendo a la vez. Así se muestra vulnerable y relaja la tensión de su interlocutor.

Así se reconoce la aprobación

Por el contrario, si su interlocutor alza las cejas mientras usted le cuenta algo, puede dar por hecho que sus explicaciones despiertan su interés. ¿El motivo? Sobre aquello que nos interesa deseamos saber más automáticamente. Si alzamos las cejas, nuestros ojos se agrandan y podemos recibir más información visual.

Y así se reconoce la concentración

¿Alguna vez ha observado la expresión facial de los niños cuando se sientan fascinados ante la televisión? ¡Exacto! La mirada está concentrada y la boca queda abierta. Esta expresión facial es un signo de que en ese momento ni deben ni quieren hacer nada, porque toda su atención está centrada en un asunto. Un niño que esté mirando con esa fascinación no reaccionará ante preguntas o incluso reproches de la madre, puesto que en ese momento no puede actuar. Un pequeño experimento lo demuestra: deje la mandíbula colgando y trate de multiplicar 13 por 4. Tendrá que esforzarse de lo lindo.

Las arrugas revelan esfuerzo

Otro ejemplo más ilustra cómo una determinada expresión facial puede limitar la capacidad de acción: ¿Alguna vez ha estado sentado a la mesa de trabajo cavilando sobre algún problema durante horas y aun así no ha logrado resolverlo? Si en tales situaciones hubiera controlado su propia expresión facial, habría comprobado que va arrugando más y más la frente para mostrar de forma inconsciente el esfuerzo mental. Pues precisamente esta expresión facial le bloquea aún más, ya que transmite desconcierto a su cerebro. La consecuencia es que cada vez tiene un pensamiento más crítico e inflexible, hasta que se mete en un callejón sin salida en el plano mental. Para volver a salir de ahí, solo una cosa le puede ayudar: ¡relaje la cara!

Lea los labios

Cuando se trata de descifrar la expresión facial de nuestro interlocutor, no solo los ojos revelan información. También la boca puede expresar muchas cosas, y no solo mientras se habla. La forma, la tensión y la postura de los labios desvelan algunas cosas:

- Cuando las comisuras de los labios de su interlocutor apuntan hacia arriba, es que está contento y alegre.
- Por el contrario, si apuntan hacia abajo, su estado general es más bien de tristeza y aflicción.
- Una persona con labios gruesos tiene a menudo emociones fuertes y las vive a fondo, ya sean estas de felicidad, pena o rabia.
- Los labios finos y pequeños indican que esa persona es capaz de albergar sentimientos sutiles y sensuales, fiel al lema de «más vale poco y bueno».
- Un labio inferior dominante es propio de una persona que reacciona de forma impulsiva y que puede también actuar con desdén. El lema en este caso sería «primero vivirlo, luego juzgarlo».
- Por otro lado, alguien con el labio superior dominante es afectuoso, sensible y capaz de sentimientos intensos.

- Quien tiene, por ejemplo, los labios formando un morrito, examina aún una cuestión o aplaza de momento la decisión.
- Si alguien se lame con fruición los labios superior e inferior, indica que le gusta un estado de cosas o disfruta de una situación.
- Pero si se pasa la lengua solo por el labio inferior, entonces está reflexionando.
- Una persona con los labios relajados también está relajada en general, y por eso puede actuar tanto de forma decidida como flexible.
- Una boca cerrada con los labios bien apretados muestra, por el contrario, que la persona en cuestión no está receptiva. Por eso se «cierra» tanto mental como físicamente y se aferra a su decisión.
- Si, por el contrario, esta persona ha decidido rechazar una cuestión —por ejemplo su oferta—, se podrá saber porque su labio inferior se desplaza hacia delante.
- Si su interlocutor mueve la lengua hacia delante, también aleja algo mentalmente.
- Que al reírse solo se alce una comisura de la boca puede indicar que su interlocutor tiene un dilema interior o que está siendo sarcástico.
- Si los labios se tensan y retraen, quiere decir que, o se repliega con miedo, o se está enfureciendo.

Breve digresión: ¿qué postura adopta la cabeza?

No solo debemos prestar atención a la expresión facial de nuestro interlocutor, sino que también la propia posición de la cabeza puede aportar mucha información:

- Si la cabeza está recta y mira de frente al interlocutor, se puede interpretar como una señal de belicosidad. Si, además la mirada está dirigida hacia arriba, esto significa: «Tengo todo controlado».
- Por el contrario, una cabeza ladeada indica una relación armónica y, a grandes rasgos, significa: «Puedes confiar en mí».
- Pero si se añaden algunos matices, esta postura tiene un significado completamente diferente. Por este motivo conviene estar también atento a las variantes. Si, por ejemplo, la mirada va de abajo arriba, se muestra una arruga en la frente y, además, una ceja se eleva, su interlocutor siente más bien desconfianza.

Suéltese un poco

En diversos estudios se ha demostrado que quienes lucen una sonrisa constante son más creativos que los que tienen siempre el ceño fruncido. Cuando se relaja la expresión facial se afloja también la tensión mental y se evitan las arrugas. A la musculatura de su cara no le vendrá mal un ejercicio de relajación de vez en cuando. Aquí tiene uno muy sencillo:

Relajación facial
Ejercicio de tres pasos:

1. Arrugue la frente y vuelva a relajar la tensión.
2. Cierre los ojos con fuerza y vuelva a abrirlos.
3. Arrugue la nariz durante unos segundos y forme un morrito.

Repita todos estos ejercicios varias veces y ríase con ganas de las muecas, ¡la risa hace feliz!

30 *Existen innumerables expresiones faciales posibles. Sin embargo, las emociones básicas como el dolor, la felicidad y la sorpresa se pueden identificar en todas las culturas. El rechazo se puede reconocer, por ejemplo, por una boca cerrada con fuerza, y la aprobación por unos ojos muy abiertos. Atención: si relaja su expresión facial, relajará también sus pensamientos.*

4.2 La expresión facial positiva y negativa

La impresión visual que dejamos perdura más en la memoria que la verbal. Por tanto, en lo que respecta a su expresión facial —al igual que con sus gestos— debería tratar de evitar los efectos negativos:

Qué expresiones faciales evitar

- La mayoría de las personas suelen poner cara de enfado o desconfianza cuando están estresadas. En tales situaciones, una sonrisa puede ayudar a reducir la tensión mental e irradiar simpatía y relajación.
- En una relación, un morrito puede ser un recurso eficaz para persuadir o convencer a la pareja. Sin embargo, en la vida pública esta expresión está fuera de lugar y debería, por tanto, evitarse.
- Lo mismo se aplica al gesto de sacar la lengua. Este tipo de expresiones faciales resultan vulgares.
- Una sonrisa ladeada, en la que solo se alza un lado de la boca, no causa una impresión muy agradable. Si hace muecas de este tipo no solo parecerá falso, sino también cínico y arrogante.
- En general, no debe tratar de cambiar de forma consciente sus expresiones faciales, ya que solo conseguiría un efecto artificial y, por tanto, antipático.

Sonría, por favor

Una manera segura de irradiar simpatía y ondas positivas es la más sencilla de todas las expresiones faciales: la sonrisa. Pero tiene que ser auténtica. No se limite a alzar las comisuras de los labios, sonría con el rostro entero. Las mejillas levantadas, las pequeñas arruguitas en torno a los ojos y las cejas caídas son un signo seguro de que la alegría no es fingida. La ventaja de una expresión facial alegre es que también una sonrisa consciente provoca en el cuerpo una reacción neurofisiológica positiva y, con ello, una reacción hormonal. Si imita el buen humor se pondrá de buen humor; un truco sencillo para mejorar el propio estado de ánimo en cuestión de segundos.

Asentir es eficaz

Un signo corporal que también tiene siempre un efecto positivo —en particular, por ejemplo, en las negociaciones— es asentir con la cabeza en señal de aprobación. Mediante un reconfortante asentimiento anima a su interlocutor a continuar hablando y le muestra su atención y confirmación. Puede reforzar estos gestos acompañando su escucha con sonidos adecuados como «ajá» o «mmm». En nuestro ámbito cultural, asentir con la cabeza es una señal de aprobación. Cuando contestamos afirmativamente no solemos limitarnos a decir «sí», sino que hacemos al mismo tiempo un movimiento de cabeza aprobatorio. Observe a algún político o un debate en la televisión: cuando las personas manifiestan su opinión asienten de forma automática con la cabeza. Si de esta manera ganan «aliados» en la mesa, estos acabarán asintiendo también. Por tanto, si quiere convencer a su socio comercial, asienta levemente con la cabeza mientras le presenta la información. De esta forma puede elevar la probabilidad de que le dé la razón. Y después podrá detectar —antes de que lo exprese con palabras— si de hecho su interlocutor comparte su opinión fijándose en si asiente con la cabeza.

Señales de seducción

Que su interlocutor le dedique una sonrisa amable es siempre una buena señal. El contacto visual es en este caso decisivo. Si alguien le mira durante más de un instante, indica así de forma inequívoca su interés.

Trate de evitar una mirada huraña en las situaciones de estrés. Relaje la cara y los pensamientos. No fuerce las expresiones faciales, parecerá falso. Y sobre todo: ¡sonría! 30

4.3 Una mirada basta

«Una mirada lo dice todo» o «una mirada dice más que mil palabras». La forma en la que miramos a alguien o como cambia nuestra mirada en una determinada situación dice mucho más que un discurso. Si se encuentra con alguien, los primeros segundos en los que solo se comunican con la mirada pueden ser decisivos. Según la forma como mire a alguien puede resultarle simpático o antipático.

Lo que dicen las miradas

- La mejor manera de conseguir una mirada cordial y abierta consiste en acompañarla de una sonrisa. Un contacto visual de este tipo, que dura más o menos un instante, muestra interés por el otro y es prueba de un carácter digno de confianza y seguro de sí mismo.

- Con una mirada rápida muestra que ha visto al otro y le respeta.
- Si mira insistentemente al suelo, transmite la impresión de que no se interesa por su entorno, sino que está centrado en sí mismo.
- Si no se digna a dedicarle ni una mirada a su interlocutor y constantemente aparta la vista, le tachará de arrogante y presuntuoso.
- Una mirada penetrante es bastante molesta. Quien mira fijamente a otra persona durante mucho tiempo hace que el otro se sienta inseguro y desee apartar la vista.
- Si lleva gafas, evite mirar por encima de ellas. Si lo hace parecerá un profesor severo, lo que precisamente en el ámbito de los negocios no despierta en absoluto simpatía.
- Mirar a alguien con los ojos entrecerrados indica agresividad y belicosidad. Una mirada así no le resulta agradable a nadie.

La «mirada asesina»

Una mirada intensa también repercute en su estado de ánimo. Fíjese en cómo se endurece la musculatura de su nuca y su respiración se entrecorta cuando pone la «mirada asesina». Esta postura indica a su cerebro que le amenaza un peligro potencial: se prepara para la lucha y se tensa. Puede comprobar muy fácilmente este efecto: concentre la mirada e intente mirar hacia un lado. Le resultará casi imposible. Igualmente difícil le resultará acelerar la respiración en esta posición, hablar en voz alta o ladear la cabeza.

No olvide que una leve sonrisa genera automáticamente una mirada amable.

4.4 Las expresiones faciales delatoras

Ya sabe que su postura y sus gestos le pueden desenmascarar por completo en ciertas situaciones. Lo mismo sucede con sus expresiones faciales, con las que, por ejemplo, envía señales de seducción de forma inconsciente, o deja ver que no está diciendo lo que en realidad piensa.

Lo que revela la expresión facial

Hasta la más mínima contracción de su musculatura facial o un guiño puede provocar en su interlocutor la sensación de que finge u oculta algo. Las siguientes indicaciones le ayudarán a descubrir si su interlocutor no dice toda la verdad:

- Guiña los ojos de forma llamativa con frecuencia.
- Su expresión facial parece falsa, por ejemplo. con una amplia sonrisa irónica.
- Evita el contacto visual, literalmente «no puede mirarle a los ojos».
- Cierra los ojos a menudo.

30 ***Nuestra cara tiene 43 músculos, todo un récord en el cuerpo humano. Por este motivo, las expresiones faciales del ser humano son casi ilimitadas y varían mucho según el ámbito cultural. No obstante, un par de sencillas reglas pueden ayudarle a descifrar a sus congéneres al menos en un primer momento:***

- ***Una expresión facial cerrada, por ejemplo, con los labios apretados y la mirada fija, indica sin duda rechazo.***
- ***Una sonrisa es sincera cuando también los ojos sonríen (esto se ve por las pequeñas arrugas) y no se limita a torcer la boca.***
- ***Las cejas alzadas muestran sorpresa e interés.***
- ***Al igual que ocurre con la postura y la gesticulación, la expresión facial puede influir en su estado de ánimo: cuando sonríe su humor mejora automáticamente, y por el contrario una expresión huraña deprime.***

30 MINUTOS

5. Lenguaje corporal: diferencias culturales

En lo que respecta al lenguaje corporal no hay ninguna panacea universal. Por muy inequívocos que nos parezcan determinados gestos o expresiones faciales, hay muchos factores implicados en la correcta interpretación de una señal corporal. Entre ellos, y aparte de la edad y el sexo, se incluye la procedencia cultural de la persona en cuestión. El mero hecho de que las personas bilingües modifiquen la postura, gesticulación y expresiones faciales cuando cambian de lengua demuestra hasta qué punto este aspecto puede influir en el lenguaje corporal.

El siguiente ejemplo ilustra los malentendidos a los que puede llevar la falta de conocimiento de un lenguaje corporal extranjero: un abogado estadounidense acompañó al gobernador de su estado a Japón. Allí pronunció un discurso ante altos cargos japoneses. Acabó el discurso y estaba convencido de haber aburrido tanto a sus oyentes que estos se habían dormido. Lo que no sabía es que cerrar los ojos y asentir levemente con la cabeza es en Japón una señal de máxima atención.

5.1 El saludo adecuado en el mundo entero

¿Qué cree que pasaría si para saludar a alguien le colocara los pies encima de la cabeza? Probablemente la persona en cuestión no quedaría muy contenta, a no ser que fuera un miembro de la tribu de Toda, en el sur de la India, donde esta es la forma habitual de saludar a los miembros de rango inferior.

Cada cultura tiene sus propios ritos de saludo:

- Estrechar la mano, quitarse o tocarse el sombrero son costumbres habituales en Europa y Norteamérica.
- En Europa Central y Latinoamérica aún es costumbre saludarse besando la mano.
- En el Reino Unido se conforman con una leve inclinación de cabeza.
- Los chinos hacen una reverencia para saludar.
- En cambio, en la India y el sureste asiático se juntan ambas manos.
- Los marroquíes se besan las manos mutuamente.

30 *La forma de saludarse en cada país depende de la cultura correspondiente. Infórmese con antelación sobre las costumbres y la conveniencia de tender o besar la mano.*

5.2 La aprobación y el rechazo

Como sabe, algunos «términos del lenguaje corporal» los aprendemos ya en nuestro primer año de vida. Antes de nada, aprendemos a mover la cabeza de arriba abajo y de un lado a otro para afirmar o negar. En la mayor parte del mundo estas señales se entienden. No obstante, hay algunas excepciones culturales:

- En la India, Pakistán y Bulgaria se mueve la cabeza de un lado a otro para afirmar, y en Etiopía, en cambio, se echa hacia atrás. No obstante, echar la cabeza hacia atrás es señal de negación en los países árabes, en Grecia, en Turquía y en el sur de Italia.
- Tan extendida como el movimiento de la cabeza está la posibilidad de utilizar la mano o el dedo índice o de cruzar las manos para decir «no».
- En el sur de Italia y en Cerdeña también es costumbre negar echando hacia arriba la mano por delante de la barbilla.
- Hacer un ademán como de abanicarse con la mano es gesto de rechazo en Japón.

5.3 Evite malentendidos

Numerosos gestos que realizamos diariamente sin pensarlo existen también en otras culturas. Probablemente esto le parezca muy práctico. Por desgracia, no lo es. Y es que a menudo un mismo gesto tiene un significado completamente distinto en un contexto cultural diferente al nuestro. Suponer de forma automática que una señal corporal se interpretará de igual forma en todos lados puede llevarnos a desagradables malentendidos.

Aquí tiene algunos ejemplos de los distintos mensajes que puede transmitir un mismo gesto:

- En Puerto Rico lo habitual es tocar al interlocutor unas 180 veces por hora, en Reino Unido ni una sola vez. En una situación comunicativa un británico podría sentirse molesto, mientras que un puertorriqueño tendría la sensación de que no le cae simpático a su interlocutor.
- Formar una «O» con el pulgar y el dedo índice es en Norteamérica y en Europa un gesto de aprobación. Los japoneses simbolizan de esta forma el dinero. En Francia, Bélgica y Túnez se distingue en ese movimiento la forma de un cero y se entiende con él que algo se considera carente de valor. En Malta, Túnez, Grecia, Turquía, Rusia, en parte de Sudamérica y en Oriente Próximo la «O» es un gesto obsceno y ofensivo.
- El pulgar apuntando hacia arriba es señal de reconocimiento en casi todo el mundo. En Japón representa el número cinco. Por el contrario, este gesto se interpreta en Australia y Nigeria como una invitación más bien impertinente a desaparecer.

- En casi todos los países del mundo el denominado «gesto de la victoria», en el que los dedos índice y corazón se estiran hacia arriba formando una «V», simboliza triunfo o paz. Solo en el Reino Unido y en Australia da a entender a una persona de forma muy maleducada que se largue.

Evite en los viajes al extranjero o al tratar con socios extranjeros gestos sobre los que no está seguro del significado que tienen para personas de otros países. Utilice una gesticulación sobria en este tipo de situaciones, y así reducirá la posibilidad de malentendidos. 30

30 MINUTOS

6. Test: ¿Es usted un experto en lenguaje corporal?

¡Ahora le toca a usted! En los últimos 30 minutos ha aprendido algunas cosas sobre la postura, la gesticulación y la expresión facial.

Con este pequeño test podrá probar lo bien que «habla» el lenguaje corporal.

Antes, un par de advertencias:

Para efectuar el ejercicio siguiente debe prestar atención a cuatro factores importantes:

1. Se trata en general de situaciones que provocan tensión en los interlocutores (entrevistas de trabajo, negociaciones, etc.).
2. Por principio, quedan excluidos los defectos físicos.
3. Se trata de señales corporales inconscientes.
4. No se trata de costumbres de los interlocutores.

	Cuando el/la interlocutor/a	**es un indicio de que él/ella:**
1.	arruga la frente	
2.	tiene la cabeza ladeada	
3.	se acaricia la barbilla	
4.	alza las cejas	
5.	parpadea con frecuencia	
6.	deja un hueco entre las palmas al estrechar la mano	
7.	al saludar agarra también el brazo	
8.	muestra las palmas de las manos	
9.	no mira a los ojos	
10.	mira a los ojos	
11.	se toca la nariz brevemente	
12.	abre la boca	
13.	aprieta los labios	
14.	se inclina hacia delante	
15.	se reclina alejando el torso	
16.	cruza los brazos sobre el pecho	
17.	ladea el torso	

18.	hace aspavientos con los brazos	
19.	se frota las manos	
20.	juega con el lápiz	
21.	mete la mano en el bolsillo	
22.	pone los brazos en jarras	
23.	cambia de pierna de apoyo	
24.	cruza las piernas apuntando al interlocutor o hacia el lado opuesto a este	
25.	estira las piernas hacia delante cuando está sentado	
26.	se sienta en el borde delantero de la silla	
27.	al estar sentado recoge los pies hacia atrás	
28.	coloca los pies alrededor de las patas de la silla	
29.	levanta las puntas de los pies	
30.	dirige las puntas de los pies hacia un espacio abierto	

Y, a continuación, las soluciones.

6.1 Soluciones

1. no avanza en sus pensamientos o tiene una opinión crítica sobre lo dicho.
2. quiere mostrarle que es digno/a de confianza.
3. rechaza una propuesta, aun cuando haya expresado verbalmente su aprobación.
4. siente interés y le gustaría saber más.
5. está nervioso/a, quizás porque no dice lo que realmente piensa o porque miente.
6. aún no quiere revelarlo todo sobre sí mismo/a.
7. le gustaría dominar y decidir.
8. está abierto/a a todo.
9. la conversación no despierta su interés.
10. la conversación despierta su interés.
11. no ha dicho la verdad.
12. de momento no es capaz de asimilar más información.
13. de momento no está preparado/a para asimilar más información o reacciona con rechazo e incluso rabia ante lo dicho.
14. la conversación despierta su interés.
15. muestra rechazo o ya está convencido/a.
16. de momento no siente ninguna necesidad de actuar o rechaza algo.
17. elude una propuesta.
18. es una persona extravertida y abierta.
19. necesita cariño.

20. está nervioso/a, siente inseguridad o incomodidad y es posible que no esté convencido/a de sus propias palabras.
21. muestra indiferencia y desinterés.
22. quiere demostrar su superioridad.
23. no está totalmente seguro/a de su propia opinión.
24. aprueba lo dicho o tiene una opinión diferente.
25. se siente cómodo/a.
26. está intranquilo/a, tiene prisa.
27. está listo/lista para entrar en acción.
28. siente inseguridad y busca apoyo.
29. no está de acuerdo con lo dicho
30. se siente incómodo/a y le encantaría huir.

Sinopsis

1. Las interacciones entre cuerpo y mente

Reflexione: es posible que su comportamiento no transmita exactamente lo que usted trata de ocultar con palabras. No obstante, su lenguaje corporal revela siempre si está o no expresando sus verdaderos pensamientos. Si su actitud no es coherente, causará una mala impresión.

Por adaptarse a un lenguaje corporal ajeno no cambiará nada de su personalidad. Solo conseguirá resultar falso y, por tanto, antipático.

Lo que una persona piensa y siente, lo que percibe —tanto el conjunto de sus experiencias como su estado de ánimo en ese momento— se refleja en su lenguaje corporal: mientras que un estado de ánimo positivo se refleja en una postura erguida, las experiencias negativas abaten el cuerpo visiblemente.

El lenguaje del cuerpo es nuestra forma más elemental de comunicación:

- *En un primer encuentro las señales corporales determinan en más de un 90 % si dos personas congenian o no.*
- *Solo cuando sus lenguajes verbal y corporal están en armonía causa una impresión honesta y convincente.*
- *Los estados de ánimo, los sentimientos y las experiencias tienen un efecto —positivo o negativo— en su lenguaje corporal.*
- *Y a la inversa, puede influir en su estado de ánimo mediante los correspondientes gestos o expresiones faciales: una postura abierta y una gesticulación amable atraen pensamientos positivos, mientras que las señales corporales negativas provocan un estado de ánimo abatido.*

Tenga siempre en cuenta las reglas básicas de un buen lenguaje corporal para parecer simpático y competente: 30

- ***¡Saque pecho! Una postura firme, con las dos piernas paralelas a la anchura de las caderas, emana confianza en uno mismo. De esta forma transmite que tiene «los pies en el suelo».***

- ***¡Compruebe la postura de la cabeza! Mantenga la cabeza siempre recta. Así parecerá seguro de sí mismo y neutral. Pero... ¡cuidado con la barbilla! Si la estira demasiado hacia arriba resultará automáticamente arrogante y antipático.***
- ***¡Abra los brazos! Los brazos cruzados indican rechazo. Evite esta postura —aunque le resulte cómoda— y ábralos.***
- ***¡Mantenga las distancias! Cada persona vive en su propia «burbuja» y mantiene, por tanto, una cierta distancia mínima. Generalmente nuestra «distancia de seguridad» personal abarca el largo de un brazo. No obstante, a las personas que conocemos más les permitimos acercarse más. Por tanto, si aún no conoce muy bien a alguien, respete siempre su distancia de seguridad. De no hacerlo corre el riesgo de resultar impertinente.***

2. La postura: su tarjeta de visita

Imaginando que tiene una corona sobre la cabeza y un guisante entre las nalgas mantendrá una postura adecuada; deje que los brazos cuelguen relajados. Frente al nerviosismo y el agarrotamiento es muy útil alternar entre tensión y relajación de los músculos.

A ser posible, siéntese de forma abierta, sin cruzar brazos ni piernas. Así estará receptivo y causará en los demás la impresión de ser una persona comunicativa y no cerrada.

Una postura erguida al andar irradia franqueza y seguridad en uno mismo. Ajuste sus pasos a su tamaño y diríjase con determinación a las personas o los lugares. Respete en todo momento las distancias de seguridad de los demás. Seguramente a usted tampoco le gusta cuando alguien se le acerca demasiado.

Su postura es su tarjeta de visita:

30

- ***Manténgase erguido, tanto cuando está pie o sentado como cuando camina.***
- ***Utilice el truco de la corona y el guisante para lograr estar de pie como es debido. De esta forma eleva el pecho y la coronilla y tensa la barriga y las nalgas.***
- ***Deje que los brazos cuelguen relajados cuando está de pie. Conviene que sus manos estén siempre visibles.***
- ***Siéntese con una postura abierta e inclínese hacia su interlocutor. La inclinación del cuerpo, así como la colocación de los pies apuntando al interlocutor, demuestra interés.***
- ***Al caminar, procure que el ritmo sea adecuado (ni muy rápido ni muy lento) y los pasos firmes.***

- ***Durante las conversaciones, tome nota de manifestaciones corporales de simpatía por parte de su interlocutor, por ejemplo una cabeza ladeada.***
- ***Mantenga cierta flexibilidad, no se ponga rígido sea cual sea la tensión del cuerpo.***

3. La gesticulación: lo que cuentan sus manos

Tome conciencia de los gestos positivos y negativos, ya que con pequeños movimientos puede influir de forma decisiva en el efecto que causa en otros. En general, se puede decir que los gestos abiertos, hacia arriba y realizados por encima de la cintura, tienen un efecto positivo. Tenga en cuenta que su gesticulación debe ajustarse a su personalidad y a la situación.

Para saludar de una forma neutra mantenga la mano en dirección perpendicular, ni muy rígida ni muy floja. No se debe estrechar la mano ni con demasiada fuerza ni con demasiada indolencia.

Cuidado: si se toca la cara o el cuello tras decir algo, su interlocutor —aunque sea de forma inconsciente— desconfiará. Y si sucede a la inversa también usted debería desconfiar. Los gestos de distracción o desdeñosos revelan que alguien no piensa realmente lo que dice.

La forma de moverse de una persona revela mucho sobre su personalidad y su estado de ánimo en ese momento:

30

- ***Los gestos dirigidos hacia arriba y alejándose del cuerpo indican franqueza y optimismo.***
- ***Las personas cerradas gesticulan menos y más bien hacia sí mismas.***
- ***Los gestos por debajo de la cintura transmiten falta de seriedad.***
- ***Un apretón de manos firme revela una personalidad confiada, un apretón flojo más bien lo contrario.***
- ***Si alguien, a pesar de pronunciar palabras de aprobación, se toquetea la ropa, juguetea con objetos o se toca la cabeza o el cuello, conviene tener precaución: esta persona no se atiene a lo que dice.***
- ***Por el contrario, en el ritual de seducción, los gestos juguetones y tocarse la cara indican interés y simpatía.***

4. La expresión facial: el espejo del alma

Hay innumerables expresiones faciales posibles. Sin embargo, las emociones básicas como el dolor, la felicidad y la sorpresa se pueden identificar en todas las culturas. El rechazo lo puede reconocer, por ejemplo, por una boca cerrada con fuerza, y la aprobación por unos ojos muy abiertos. Atención: si relaja su expresión facial relajará también sus pensamientos.

Trate de evitar una mirada huraña en las situaciones de estrés. Relaje su cara y sus pensamientos. No fuerce las expresiones faciales, parecerá falso. Y sobre todo: ¡sonría!

No olvide que una leve sonrisa genera automáticamente una mirada amable.

30 **Nuestra cara tiene 43 músculos, todo un récord en el cuerpo humano. Por este motivo, las posibilidades de expresión facial del ser humano son casi ilimitadas y varían mucho según el ámbito cultural. No obstante, un par de sencillas reglas pueden ayudarle a descifrar a sus congéneres al menos en un primer momento:**

- **Una expresión facial cerrada, por ejemplo con los labios apretados y la mirada fija, indica sin duda rechazo.**
- **Una sonrisa es sincera cuando también los ojos sonríen (esto se ve por las pequeñas arrugas) y no se limita a torcer la boca.**
- **Las cejas alzadas muestran sorpresa e interés.**

- ***Al igual que ocurre con la postura y la gesticulación, puede influir en su estado de ánimo a través de su expresión facial: cuando sonríe su humor mejora automáticamente, y por el contrario una expresión huraña deprime.***

5. Lenguaje corporal: diferencias culturales

La forma de saludarse en cada país depende de la cultura correspondiente. Infórmese con antelación sobre las costumbres y la conveniencia de tender o besar la mano.

Evite en los viajes al extranjero o al tratar con socios extranjeros gestos sobre los que no está 30
seguro del significado que tienen para personas de otros países. Utilice una gesticulación sobria en este tipo de situaciones, y así reducirá la posibilidad de malentendidos.

Índice temático

Títulos de la colección 30 Minutos:

→

Aprender
fácilmente
en 30 minutos
30 MINUTOS
LinkedIn,
Twitter y
Facebook
Redes sociales para principiantes
Tim Schlüter/Michael Münz

Aprender
fácilmente
en 30 minutos
30 MINUTOS
Burnout
Soluciones al síndrome de
agotamiento profesional
Frank H. Berndt

Aprender
fácilmente
en 30 minutos
30 MINUTOS
Lenguaje
corporal
Saber lo que piensan los demás
en el trabajo
Monika Matschnig

Aprender
fácilmente
en 30 minutos
30 MINUTOS
Self-coaching
Mejorar el rendimiento en el trabajo
Stefanie Demann

Aprender
fácilmente
en 30 minutos
30 MINUTOS
Estúpidos:
manual de doma
Cómo trabajar con gente insoportable
Gitte Härter

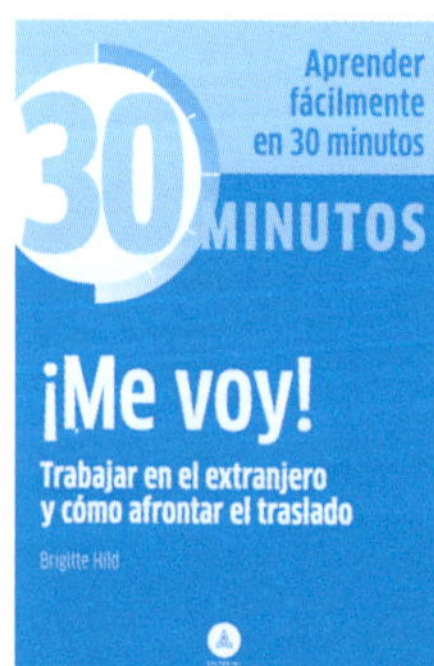
Aprender
fácilmente
en 30 minutos
30 MINUTOS
¡Me voy!
Trabajar en el extranjero
y cómo afrontar el traslado
Brigitte Hild